LES CANTINIÈRES FRANÇAISES

1955.
874

Bibi-Tapin

PATRIOTIQUE

AMUSANT

et

ILLUSTRÉ

10 centimes

LE NUMÉRO

de

16 PAGES

sous couverture coloriée

PARAIT

TOUS

les

SAMEDIS

10 centimes

LE NUMÉRO

de

16 PAGES

sous couverture coloriée

BIBI-TAPIN a pour devise :

Haut les Cœurs français! Vive la Gaîté gauloise!

IL PUBLIE :

D'humoristiques fantaisies de la vie militaire;
Les vieux contes rabelaisiens de Laramée à la chambrée;
Les sonneries de toutes les armes, avec les typiques paroles dont les lurons
de régiment les ont soulignées;
Les originales chansons de route et les chants à boire de la cantine, avec
paroles et musique;
Les légendes patriotiques de l'armée française;
Des nouvelles militaires et sentimentales;
Les farces salées du quartier;
Des histoires drôlatiques et amusantes, etc., etc.

Chaque numéro contient de nombreuses illustrations

ABONNEMENTS

FRANCE, ALGÉRIE ET TUNISIE : Un an, **5** francs. — Six mois, **3** francs
COLONIES ET UNION POSTALE : Un an, 6 fr. — Six mois, 3 fr. **50**

On s'abonne par mandat-poste envoyé à l'administration de **BIBI-TAPIN,**
27, rue de Seine, à Paris, ou en souscrivant sans frais dans tous les bureaux de
poste.

(Voir plus loin les primes gratuites offertes aux abonnés).

LES CANTINIÈRES FRANÇAISES

Aux

VAILLANTES

CANTINIÈRES DE FRANCE

BIBI-TAPIN

DÉDIE CE SOUVENIR

CANTINIÈRES ET VIVANDIÈRES

La cantinière — ou vivandière (les deux termes sont synonymes) — est une figure militaire essentiellement et exclusivement Française :

A aucune époque, les armées européennes, sauf celles de la France, n'ont eu des vivandières en uniforme attachées aux régiments et suivant les armées sur les champs de bataille.

C'est le grand Carnot qui, le premier, autorisa les généraux à permettre le mariage aux cantiniers — on disait encore à cette époque : les cambusiers.

Les femmes des cantiniers suivirent à la frontière les bataillons de 1792, et plus d'une, dès ce moment, abandonna les voitures de bagages pour faire vaillamment le coup de feu.

Ce fut une cantinière, madame Thérèse, qui enleva le drapeau du 4e régiment d'infanterie autrichienne, à Fleurus. Le soir de la bataille, Jourdan, devant le front des troupes, embrassa madame Thérèse.

Avant la Révolution, les gardes-françaises avaient des cantinières costumées, mais ces dernières n'allaient pas en campagne. L'une d'elles, madame Grégoire, tenait un cabaret à la mode où se rendait quelquefois, dit-on, madame de Pompadour.

L'histoire de la conquête de l'Algérie nous a conservé un mot de cantinière bien typique, qui mérite d'être rapporté.

La cantinière du 3e zouaves s'était signalée à la Kasbah.

Elle se nommait madame Touchard et était mère de famille.

Le colonel la présenta à Bugeaud, qui la complimenta et lui promit le ruban de la Légion d'honneur.

— Combien avez-vous d'enfants, madame Touchard ? demanda-t-il à l'excellente cantinière :

— Maréchal, répondit-elle, en faisant le salut militaire, il faut demander ça à mon mari : ce n'est pas moi qui m'occupe de ces choses-là !

En 1870, la cantinière du 7e régiment de ligne fut faite prisonnière avec la garnison de Metz et envoyée à Magdebourg.

Elle était jeune et jolie.

Un sergent-major du même régiment la poursuivait vainement de ses assiduités. Dépité de se voir rebuté sans cesse, le sous-officier se vengea par une calomnie.

La cantinière dépensait ses économies sans compter et avait rendu des services d'argent à plus d'un camarade.

Un jour, la voyant passer devant le baraquement, le sergent-major, accommodant pour la circonstance la chanson de la Boulangère, se mit à fredonner assez haut :

> La cantinière a des écus
> Qui ne lui coûtent guère !

La brave femme bondit sous l'outrage et souffleta le sous-officier.

Celui-ci demanda raison au cantinier qui se déclara prêt à se battre.

Mais l'insultée déclara qu'elle souffletterait le sergent-major partout où elle le trouverait, jusqu'au jour où il accepterait une rencontre avec elle, l'épée à la main.

Le major de la garnison autorisa le duel, qui eut lieu sur le glacis des fortifications. La cantinière creva un œil au sous-officier.

De nombreuses actions héroïques ont été accomplies par les vivandières françaises.

Malheureusement, il n'existe pas d'ouvrages spéciaux sur la matière et il est malaisé de coordonner des documents sérieux.

Saluons une dernière fois le fringant uniforme de nos cantinières.

Nous ne le reverrons plus !

Qui sait ?...

Bibi Tapin

A LA SANTÉ DE LA FRANCE !

CHANSON A BOIRE

Créée par M.lle BORDAS, au Grand Concert Parisien.

Paroles de
AMEDÉE BURION.

Musique de
J. MARC CHAUTAGNE.

Allegretto.

1er Couplet

Si no-tre sang, à nous, bouil-lon-ne, Si de nos yeux jail-lit l'é-clair, Si la gai-té partout ray-on-ne, Si no-tre cœur est li-bre et fier, C'est que la vi-gne aux dou-ces lar-mes E-tend sur nous ses pam-pres verts, C'est que nos vins a-vec nos ar-mes Ont fait le tour de l'u-ni-vers. Bu-vons, bu-vons, pleins d'es-pé-ran-ce, A la Paix, à nos li-ber-tés! Pro-grès, Tra-vail, à vos san-tés! A la san-té de no-tre Fran-ce! Buvons, bu-vons, pleins d'es-pé-ran-ce, A la Paix, à nos li-ber-tés! Pro-grès, Tra-vail, à vos san-tés! A la san-té de no-tre Fran-ce! A la san-té de no-tre Fran-ce!

J'aime à vous voir, fils de l'automne,
Dorer les flancs de nos coteaux,
Puis, tour à tour, emplir la tonne,
Bourgogne, Champagne ou Bordeaux.
Vin généreux, liqueur chérie,
Chacun te boit en frémissant.
On chante alors amour, Patrie !
On a de l'âme, on a du sang ! (*Au ref.*)

Tout en fêtant, dans notre ivresse
Vin rouge ou blanc, sachons, morbleu
Pour sa verdeur et sa jeunesse
Acclamer le gai petit bleu !
En les voyant tous trois ensemble
Ces crus aimés des vrais buveurs,
A notre cœur français il semble
Voir du drapeau les trois couleurs. (*Au ref.*)

*(La musique pour piano est en vente chez ROHDÉ-STAUB,
éditeur de musique, 9, rue Caumartin.)*

On l'aimait, allez,
à Oran ; on lui fai-
sait de chaudes ovations
les jours de parade ou de
revue, quand elle défilait crâne-
ment sous son coquet costume, la
gorge saillante, la taille fièrement cambrée,
et la démarche martiale.

Antoinette a suivi son régiment au feu,
partout. Elle n'a pas que soigné les blessés, encouragé les com-
battants et fermé les yeux aux morts : elle s'est battue comme
une lionne, comme un zouave.

Elle était à Magenta.

Un moment, les Autrichiens avaient le dessus.

Les zouaves tombaient comme des mouches sous une grêle
de balles.

— A la baïonnette !... cria le colonel quand on fut à deux
cents mètres des rangs ennemis.

Et le régiment s'élança comme un ouragan, hurlant, vocifé-
rant, ivre de courage.

Antoinette avait saisi le fusil d'un zouave qui venait de tomber, et, à sa place, elle s'élança avec les autres, criant comme eux
et ivre aussi comme eux.

Elle donna « le coup de fourchette » en vrai *chacal*, bravant
mille fois la mort, ne la voyant même pas, aveuglée par son
intrépide *furia*.

Tout à coup, le porte-drapeau, non loin d'elle, tombe mortelle-
ment frappé, son sabre brisé.

Elle accourt.

Les zouaves qui se précipitent succombent à la fois, frappés
par mille balles.

Deux soldats aux tuniques blanches, deux Autrichiens s'em-
parent du drapeau.

Alors, la cantinière ne se possède plus. Elle charge les Autrichiens qui fuient avec le glorieux étendard des zouaves. Elle les
atteint.

Il lui disputent le drapeau. Ils fondent sur elle, l'un avec son
sabre, l'autre avec sa baïonnette.

Le combat qu'enveloppe un nuage de fumée est épouvantable.

Antoinette crie et frappe. Elle tue l'un des deux Autrichien qu'elle renverse transpercé de sa baïonnette, mais par malheur, elle tombe et se désarme dans sa chute.

Le second, celui qui tient le drapeau, fond sur elle à terre, le sabre haut. Mais la cantinière est déjà debout. Elle saisit son révolver et par deux fois elle fait feu.

L'Autrichien est blessé, il tombe à son tour. La vaillante femme, sans même achever son ennemi, s'empare du drapeau, et ne sentant ni ses meurtrissures, ni ses blessures, elle revient triomphante, criant encore plus fort, folle de joie et de courage, les yeux saillants, le teint rouge, agitant le drapeau qu'elle vient de sauver.

Elle le remet à un lieutenant.

Ensuite elle retourne au feu, et jusqu'au bout elle continue à se battre.

Telle est l'action d'éclat qui valut la croix d'honneur à la cantinière du 2e zouaves !

Ah ! oui, on l'aimait à Oran !

×
× ×

En 1870, Antoinette Drevon partit encore, avec le 32e de ligne cette fois, car elle avait permuté pour se rapprocher de sa famille.

Elle fit encore vaillamment la campagne et elle pleura de rage après nos vaillantes défaites.

— Ah ! si l'on n'avait pas trahi ! s'écria-t-elle le poing menaçant dans la direction de l'Allemagne, lorsqu'elle dut revenir, l'armistice signé. — Vous auriez vu si les Français de 1870 ne valaient pas ceux de 1859 !

Et elle revenait tristement un soir, seule sur la route, regagnant Thionville où son régiment était cantonné.

Un Bavarois passe et la voit.

Elle n'était pas mal, Antoinette ; elle avait presque autant de beauté que de courage !

Le Bavarois la suit, lui parle, la presse...

Oh ! Le cœur de la vaillante cantinière bondit et se soulève de dégoût et de colère !

Elle se retourne et menace le misérable.

Le soudard insiste. Il veut porter la main sur elle, la saisir, l'embrasser... Elle bondit sous l'insulte et le repousse avec horreur.

C'en est trop, cette fois !

Antoinette sort son révolver, le même qui tua l'Autrichien, et, à bout portant, elle fait feu.

Le Bavarois tombe, raide mort, la face contre terre.

On arrête la cantinière.

Les Prussiens la traînent à Metz et la livrent à leur conseil de guerre, où, la tête haute, elle revendique toute la responsabilité de ce qu'elle a fait.

On la condamne à mort.

Le hasard fit tomber sous les yeux du prince Frédéric-Charles un journal français annonçant l'exécution..

Il n'osa pas laisser commettre cette horreur inutile.

Il alla au greffe du conseil de guerre, lut le dossier de l'affaire et fit mettre la cantinière en liberté.

La cantinière du 2e zouaves vit toujours et elle compte bien voir la revanche.

Elle a toujours son révolver, messieurs les Prussiens !

Le Chacail du 3e Zouaves

LA CANTINIÈRE

Elle est native de Nanterre,
    La Cantinière !
Sacrebleu, quel joli mollet !
Et comme plus d'un resterait
Soldat, toute sa vie entière,
S'il pouvait parfois espérer
Remplacer le vieux cantinier !

Ah ! quelle a la taille légère,
    La Cantinière !

Elle fut autrefois rosière,
    La Cantinière !
Maintenant elle a six enfants,
Deux tout petits et quatre grands ;
Elle se dit très bonne mère
Et pense, en marchant de ce train,
Pouvoir un jour en avoir vingt...

Ah ! c'est une rude ouvrière,
    La Cantinière !

On dit qu'elle boit plus d'un verre,
    La Cantinière !
Ce n'est pas, je crois, un défaut,
Car c'est naturel, s'il fait chaud,
Qu'une femme se désaltère.
Absinthe, cognac ou vin blanc,
Tout lui sert indifféremment....

Ah ! quel gosier elle a, tonnerre !
    La Cantinière !

Elle en a vu pendant la guerre,
    La Cantinière !
Paraîtrait qu'un jour un Uhlan
Auprès d'elle a fait le galant
D'une si charmante manière,
Qu'une balle au milieu du front
A récompensé le Teuton.

Ah ! faut pas la mettre en colère,
    La Cantinière !

Voulez-vous la voir crâne et fière,
    La Cantinière !
Regardez son beau régiment
Quand il défile alertement
Applaudi par la foule entière.
Son regard brille et son cœur bat,
Elle marche comme un soldat !...

Ah ! c'est qu'elle a l'âme guerrière,
    La Cantinière !

Oscar Piston
musicien

Que de fois, sur les champs de bataille, les cantinières françaises, ces vaillantes compagnes de nos armées, se sont transformées en héroïnes, ont saisi le flingot d'un soldat expirant, et ont bravement défendu le drapeau !

Voici la liste des cantinières sur la poitrine desquelles a brillé la croix des braves, et dont la vaillance a prouvé qu'elles étaient les dignes sœurs de nos valeureux troupiers :

✗ ✗ ✗

Sous le 1er Empire, deux femmes furent décorées, VIRGINIE GHESQUIÈRE et MARIE SCHELLINCK, non comme cantinières, mais comme soldats ; car, en dépit de leur sexe, elles avaient pris l'uniforme et le fusil.

La veuve PERROT, cantinière à l'armée d'Afrique, reçut la croix d'honneur lors de la conquête de l'Algérie.

La veuve BRULON, née Angélique Duchemin, cantinière au 42me de ligne, décorée de la Légion d'honneur, le 15 août 1851 ; décorée de la médaille de Sainte-Hélène en 1857.

Madame CROS, cantinière du 1er bataillon de chasseurs à pied de la Garde, a reçu la Médaille militaire le 15 juin 1859.

Madame CALVET, cantinière du 1er zouaves, a reçu la Médaille militaire le 25 juin 1861.

Madame ROSSINI, cantinière aux zouaves de la Garde, a reçu la Médaille militaire le 17 juin 1859.

Madame Thérèse Malher, cantinière du 34me de ligne, a reçu la Médaille militaire le 19 février 1862.

Madame Mallet, cantinière du 21me de ligne, médaillée le 8 août 1891.

Madame Philippe, cantinière du 72me bataillon de la Garde nationale mobilisée de la Seine, médaillée le 29 janvier 1871.

Madame Renom, cantinière du 216me bataillon de la Garde nationale de la Seine, médaillée le 12 février 1871.

Madame Jarrethout, cantinière des francs-tireurs de Paris, qui se distingua dans la glorieuse défense de Châteaudun en 1870 et pendant la campagne de la Loire, a été faite chevalier de la Légion d'honneur, le 12 juillet 1880.

Madame Trémoreau, cantinière au 2me zouaves, blessée en Afrique et en Crimée, héroïque conduite à la bataille de l'Alma, se distingua encore à la bataille de Magenta, médaillée le 25 février 1863.

Madame Bourquet, cantinière au 1er tirailleurs algériens, médaillée le 7 juin 1865.

Madame Petitjean, cantinière du 127me bataillon de la Garde nationale, médaillée le 29 janvier 1871, pour vaillante conduite pendant le siège de Paris.

Madame Violard, cantinière au 131me de ligne, brillante conduite dans les campagnes de Crimée, de France et du Tonkin, médaillée le 24 juin 1886.

Madame Joudioux, cantinière au 74me de ligne, s'est distinguée à Solférino, à Rezonville et à Saint-Privat, médaillée le 28 décembre 1888.

Madame Boyer, cantinière à l'Ecole militaire de gymnastique de Joinville, médaillée le 28 décembre 1888.

Madame Drouan, cantinière au 59me de ligne, médaillée le 28 décembre 1888.

Madame Laurin, cantinière au 3me zouaves, s'est vaillamment battue, à Frœschviller et lors du siège de Strasbourg, médaillée le 12 juillet 1890.

Antoinette Drevon, cantinière au 2me zouaves, à Magenta, et en 1870, au 32me de ligne, a sauvé le drapeau français, brillante conduite à Thionville, chevalier de la Légion d'honneur.

LA CANTINIÈRE

DES POMPIERS DE NANTERRE

Paroles de **TIVOLO**   Musique de Léopold **DAUPHIN**

All? Marziale.

Nom d'un tonneau je n'suis qu'unn'fem . . me

Qui n'est pas mé_chant' pour deux liards; Mais quand y l'faut

j'ré_hauss' ma gam_me. Pour par _ ler plus haut qu' les brail_

_ lards. On a chan_té le pompier d'Nan_ter_re Tel _ le_

ment qu'ça m'en fait bis quer, Car on n'dit mot

d'la Can_ti_niè_re Et c'est sur quoi j'vas m'expli_quer. Ah!

REFRAIN. 1? Tempo.

Ah! fait' place à la Cantiniè _ re Car ell' apport' du sou _ lag'ment

Aux pompiers qu'ont soif à Nanter _ re Faut bén un p'tit ra_

_frai_chiss'ment Faut bén un pe_tit rafrai, chi chi, se_se, ma

mar! Faut bén un pe_tit un tout bén pe_tit rafraîchiss'ment

J'ai pas d' mépris pour mon semblable ;
Car j'aim' pas êtr' comm' chien et loup.
Y'a toujours d'la place à ma table
Et de la sauce à mon ragoût.
Mais ce qui m'fâche et m'électrise,
(Ma vieill' mèr' me l' disait autt' fois)
C'est qu'on m'oublie et qu'on m' méprise
Quand y s'en sont lichés les doigts.

Ah ! Ah ! etc.

C'est t'y pas comm' ça qu'on doit être ?
Autant qu'en faut j' crois qu'on en a...
J'ignor' pas qu' pour prendr' un p'tit verre
Faut él'ver l' coud' à c' t' hauteur là.
J' crains rien — l'ennemi peut paraître —
J'ai t'y pas l' chic et cœtera
Et quand à c' qui r'gardd' la rosière
On l'a z'été z'ou l'on l' sera.

Ah ! Ah ! etc.

Les pompiers ont ben des mérites
Et j' prétends pas les ravaler ;
Mais qu'est c' que des pomm's de terr' frites
Quand y'a pas d' sel pour les saler.
Or le sel c'est la Cantinière ;
Les pomm's de terr' r'sembl'nt aux pompiers ;
Ça leur donn' le goût militaire
Et d' l'enthousiasm' pour son métier.

Ah ! Ah ! etc.

O Pompiers qu' êtt' nés à Nanterre
Ousque vous avez r'çu le jour,
Vous devez éteindd' sur la terre
L' feu d' l'incendi', non l' feu d' l'amour !
Mars et Vénus (racontt' l'histoire)
Vivaient toujours en bon accord ;
Faut fair' comme eux pour que Victoire
Avec Pompier, ça rime encor !

Ah ! Ah ! etc.

Un aide de camp passa au galop près des bagages du 1ᵉʳ régiment de dragons.

— On va sonner la charge, dit-il en souriant.

Son cheval, glissant sur les mottes détrempées, avait frôlé une des tables de madame Morlot.

— Bravo ! mon capitaine ! cria la cantinière.

Mais l'officier d'état-major était déjà loin.

Il portait un ordre du général Grenier et accourait, bride abattue, du moulin de Bois-Bagneux.

×[×]×

C'était le 16 août, vers trois heures de l'après-midi.

On racontait autour de la cantine une histoire étrange.

Le matin, bien qu'il eût reçu de Mac-Mahon une dépêche lui annonçant des renforts du côté de Verdun, Bazaine, impassible, les yeux demi-clos, préoccupé uniquement d'assurer sa route de retraite sur Metz, massait des troupes d'infanterie sur la lisière des bois de Vionville.

Tout à coup un escadron de cavaliers se précipite dans la direction des bois.

Il va charger les pièces que le maréchal vient de faire établir en batterie.

Bazaine avait sa cigarette aux lèvres.

— Ce sont des guides, dit-il, où vont-ils ?

En un instant, le flanc du coteau est envahi et l'état-major entouré. C'étaient des hussards de Brunswick !

Bazaine dut mettre l'épée à la main, et sans l'arrivée des cuirassiers de Valabrègue et de Fortan qui sabrèrent les hussards allemands et les mirent en déroute, Bazaine était tué ou pris !

— Tiens ! dit madame Morlot, l'uniforme des hussards de Brunswick est donc semblable à celui des guides ?

— Paraît que oui ! déclara le cantinier.

— C'est tout de même drôle, une surprise pareille !

Mais un obus coupa la parole à la cantinière.

La voiture vola en éclats et les débris jaillirent de toutes parts.

— Allons, bon ! dit madame Morlot, voilà que les Prussiens démolissent ma maison ! Monte à cheval, Pierre, ajouta-t-elle en s'adressant à son mari, on va charger ! Ouvre l'œil et vive la France !

× × ×

Sur la gauche, la brigade Cissey s'ébranlait pour faire face à une des divisions du prince Frédéric-Charles.

Les boulets labouraient la crête du coteau et fauchaient les arbres du taillis.

Un instant après, le 1er régiment de dragons, colonel en tête, s'élançait pour entrer en ligne.

Morlot, atteint au flanc, venait de tomber de cheval.

— Jour de Dieu ! s'écria la cantinière, pâle de rage et de douleur, mon pauvre homme ! mon pauvre Morlot !

Elle courut à son mari, le saisit à bras-le-corps et le traîna au campement, à côté de sa voiture fracassée.

Une grêle de balles rasa le terrain laissé libre.

La cantinière et le dragon mort étaient seuls, sur le versant de la colline, parmi les ustensiles de campagne, les bidons défoncés et mille débris épars.

Le cheval de la cantine, les deux jambes brisées, s'abattit lourdement.

Un corps prussien débouchait du bois.

C'était l'infanterie de Steinmetz.

La cantinière saisit la carabine de Morlot et s'embusqua, accroupie, derrière le cheval, rempart de chair pantelante, trouée maintenant par la mitraille.

Trois mille hommes arrivaient au pas de course.

Les dents serrées, l'œil en feu, la cantinière tirait sans relâche.

Elle visait dans le tas.

A chaque coup, un Allemand tombait, la face à terre, les bras en avant.

Les balles criblaient le cadavre du cheval.

Floc ! floc !

La cantinière tirait toujours !

× × ×

Ce duel épique, cette lutte d'une femme contre une armée.

dura quelques minutes... le temps, pour la brave cantinière, de conquérir l'immortalité de la gloire.

— Oh ! dit-elle, j'en tiens !

Et elle s'affaissa à côté du corps de son mari.

Une balle lui avait traversé l'épaule.

La colonne allemande exécutait un mouvement tournant.

Elle descendit rapidement la pente du coteau et se déplia au fond de la vallée de la Mance.

Çà et là, de distance en distance, la carabine de madame Morlot avait jeté sur le sol une douzaine de soldats prussiens.

Quand la colonne eut disparu derrière le rideau des derniers peupliers, la cantinière, malgré ses souffrances aiguës, se pencha sur le corps inanimé de son mari :

— Pierre ! Pierre ! appela-t-elle.

La face livide, la bouche entr'ouverte et l'œil vitreux, Morlot avait rendu le dernier soupir.

La cantinière le baisa longuement au front, puis retomba, épuisée et sans forces, à côté du soldat mort pour la patrie.

× × ×

Le soir, une escouade de brancardiers releva madame Morlot et la transporta à l'ambulance de Gravelotte, pendant le roulement affaibli de la canonnade lointaine, râle suprême de la bataille.

Le chirurgien examina la plaie.

— Ayez du courage et de la patience, madame, dit le major : je réponds de vous !

Le lendemain, sur l'ordre du maréchal Lebœuf, un étui de maroquin rouge était remis à l'ambulance, et le colonel du 1er régiment de dragons épinglait la croix d'honneur sur les linges sanglants qui recouvraient la blessure de la cantinière héroïque...

La Ramée

Chansons de Route

LA BOULE DE SON

AIR CONNU

Allons, conscrits, à l'exercice !
Surtout, bleu, ne fais pas d' façon,
   Ton, ton, ton, ton,
    Tontaine, ton, ton !
Carrément faut fair' ton service,
Puisqu'on t' fournit ta boul' de son,
   Ton, ton, ton, ton,
  Ton, ton, tontaine, ton, ton !

La boul' de son z'a la r'nommée ;
Après l' pain blanc, rien d'aussi bon !
   Ton, ton, ton, ton,
    Tontaine, ton, ton !
Et puis, vois-tu, c' n'est qu'à l'armée
Qu'on te paiera la boul' de son,
   Ton, ton, ton, ton,
  Ton, ton, tontaine, ton, ton !

C'est z'un ancien qui la fabrique ;
Pour la chérir, v'là z'une raison,
   Ton, ton, ton, ton,
    Tontaine, ton, ton !
S'il laisse dedans tomber sa chique.
Ça n' fait qu'enfler la boul' de son,
   Ton, ton, ton, ton,
  Ton, ton, tontaine, ton, ton !

Tous les deux jours, ton fourrier t' donne,
Sans manquer, double ration,
Ton, ton, ton, ton,
Tontaine, ton, ton!
Un roi peut perdre sa couronne,
Tu n' perds jamais ta boul' de son,
Ton, ton, ton, ton,
Ton, ton, tontaine, ton, ton!

Sur la huch', le pauvre se penche,
N'y trouve, hélas! plus un croûton!
Ton, ton, ton, ton,
Tontaine, ton, ton!
Heureux soldat, toi, sur la planche,
Tu trouv's toujours ta boul' de son!
Ton, ton, ton, ton,
Ton, ton, tontaine, ton, ton!

Si l' premier jour, sans prévoyance,
Tu dévor's tout, comme un glouton,
Ton, ton, ton, ton,
Tontaine, ton, ton!
L' second jour faut faire abstinence
Et t' brosser l' ventr' de boul' de son,
Ton, ton, ton, ton,
Ton, ton, tontaine, ton, ton!

Du biscuit, lorsqu'un' voix austère
Ordonne la distribution,
Ton, ton, ton, ton,
Tontaine, ton, ton!
Combien, malheureux militaire,
Tu r'grett's alors ta boul' de son!
Ton, ton, ton, ton,
Ton, ton, tontaine, ton, ton!

Après deux grand's heures de supplice,
A pivoter comme un toton,
    Ton, ton, ton, ton,
    Tontaine, ton, ton!
Comme à ton r'tour, avec délice,
Tu tombes sur ta boul' de son!
    Ton, ton, ton, ton,
    Ton, ton, tontaine, ton, ton!

La boul' de son c'est le viatique
Du troupier, intrépid' piéton,
    Ton, ton, ton, ton,
    Tontaine, ton, ton!
Et derrièr' son sac z-il applique
Sa gamelle et sa boul' de son,
    Ton, ton, ton, ton,
    Ton, ton, tontaine, ton ton!

La boul' de son, ça fortifie;
Ça d'vient même une purgation,
    Ton, ton, ton, ton,
    Tontaine, ton, ton!
La gaieté, la philosophie
Sont des effets d' la boul' de son,
    Ton, ton, ton, ton,
    Ton, ton, tontaine, ton, ton!

Un d' nos bons rois voulait naguère
La poule au pot dans chaqu' maison,
    Ton, ton, ton, ton,
    Tontaine, ton, ton!
O France, toi qu'es notre mère,
Garde au troupier sa boul' de son!
    Ton, ton, ton, ton,
    Ton, ton, tontaine, ton, ton!

Dumanet, soldat de 2e classe

3 fois 4 font 12

Ils entrent à douze chez Graumuph, le cantinier de la troisième du quatre.

Tout de suite Armide Traisanphès, —
l'épouse Graumuph — dit à son époux :

— V'là Bitardot ! il n'a pas de toupet !

— Attends ! je me charge de lui régler son trimestre, riposte le
conjoint.

Mais Bitardot s'avance majestueusement, et jette sur le comptoir
la somme de soixante-cinq centimes, pour solde de tout compte à ce
jour.

Depuis une semaine, il devait ces treize sous au ménage Graumuph, ce qui nous explique l'accueil qui lui était réservé à la cantine.

Tout de suite Armide sourit ; Graumuph s'épanouit.

— Vous avez donc de l'argent, Parisien ? s'écrie-t-il.

— Un peu, mon vieux, réplique Bitardot. La preuve, c'est que je
régale tous mes copains.

Et, négligemment, le Parisien agite une dizaine de pièces de cent
sous qui battent la générale dans sa poche.

Inutile d'ajouter que la famille Graumuph se confondit en obsé-
quieuses platitudes.

Neuf heures venaient de sonner, neuf heures du soir, naturellement.

La cantine manquait absolument d'animation. Les douze hommes
de la troisième du quatre étaient les maîtres.

Malgré l'heure relativement tardive, Bitardot commanda un calage
de joues assez soigné : du saucisson, des sardines, du jambon, du
fromage, et, en général, toutes les victuailles qui ne passent pas précisément pour rafraîchir.

Graumuph se délectait.

Précisément, la fête de la patronne était proche, avec l'argent qu'il
escroquerait au Parisien, il achèterait un petit cadeau à sa dame,
née, nous le répétons, Armide Traisanphès.

Il se gondolait, ce bon Graumuph, parce qu'il savait que la man-geaille allait être copieusement arrosée.

En effet, Bitardot demanda douze litres, rien que pour commen-cer. L'empoisonneur de la troisième du qua-tre n'avait pas une telle quantité de toxi-que dans son broc; il courut à sa réserve.

Armide se rendit à la cuisine.

Dès que le ménage eut disparu, Bitardot ne fit qu'un bond jus-qu'à l'horloge; il cassa net le balancier.

Il revint à sa place, et dit à son compa-gnon :

— Toi, Bastavel, ou-vre l'œil et ferme le fourbi.

— As pas pur ! répondit Bastavel.

— Moi, je guigne! ajouta Pointillard.

Graumuph revint, il apportait la boisson. Armide n'avait pas encore tout préparé à la cuisine. Son mari entra à pas de loup dans le sanctuaire du graillon, et, vivement, sournoisement, polissonne-ment, il exécuta une manœuvre tout à fait touchante, qui fit bondir madame Graumuph.

— Ah! c'est toi! dit-elle en se retournant. Tu m'as presque tourné les sangs.

Il voulut recommencer; il était si content de l'aubaine qui lui arri-vait ce soir-là. Suant, soufflant, hoquetant, il fut pourtant évincé par ces mots :

— Nous verrons après l'extinction des feux.

C'est qu'elle n'était pas mal du tout la femme Graumuph; on le disait dans les cadres, et on était renseigné.

Les époux, retrouvant leur dignité commerciale, s'occupèrent de leurs clients.

— Mes enfants, dit paternellement Graumuph, rigolez à votre aise.

Il regarda l'horloge et il ajouta :

— Vous avez une heure devant vous.

Bitardot, après les premières libations, en commanda de nouvelles.

Chaque fois, le cantinier, avant de servir, faisait une petite plaisan-terie amoureuse à sa femme.

Il était positivement hors de lui, cet ignoble Graumuph.

Les soldats commençaient à chanter, chacun la sienne. Armide écoutait ; elle était pour la musique.

Tout à coup, un chœur formidable retentit. Jamais les trompettes de Jéricho n'avaient fait un tel bousin.

Les douze hommes hurlaient un ensemble des plus compliqués ; après avoir poussé la goualante isolément, ils gueulaient tous à la fois, ni plus ni moins que les choristes du grand théâtre.

Mais, entendons-nous, — si c'est possible, au milieu d'un pareil vacarme, — chacun chantait la sienne tout de même. Ainsi, Bitardot envoyait :

> Un tout p'tit coup d' cliquot,
> C'est douce cho-o-o-se,
> Ça rend gai subito
> L'homme moro-o-o-o-se.

Bastavel, lui, poussait :

> Le grand singe d'Amérique,
> Qui régnait à Piombino,
> Pris soudain d'une colique,
> Vient d' s'échapper subito.

Pointillard jetait :

> Je suis mam'zelle Monthabor,
> Ra ra ra fla,
> La fille du tambour-major,
> Ra ra ra ra fla.

Les autres faisaient chorus avec des refrains aussi variés que tonitruants.

Graumuph commença à être abasourdi ; mais on lui commanda de nouvelles consommations.

Soudain, pffffuit!...

Le gaz s'éteint, ou du moins il baisse comme s'il n'y en avait plus.

Armide Graumuph, qui venait d'entrer dans sa cuisine, étouffe un petit cri; mais elle ne proteste pas davantage, puisque son mari y tenait tant que cela.

Nous devons encore ajouter que le cœur de la sensible Armide battait plus fort, ce soir là, sans doute à cause des romances passionnées qu'elle avait entendu roucouler.

Trois minutes après, la lumière revenait comme par enchantement.

— C'est le compteur, déclara Bitardot; il doit y avoir trop d'eau dedans.

— C'est comme le *pive* du cantinier, alorsse, repartit Bastavel.

Graumuph, complètement abruti, passait son temps à aller à son laboratoire et à en revenir, pour satisfaire les commandes de Bitardot.

Le cantinier comptait bien un peu sur ses doigts, supputant déjà l'addition et se demandant s'il y aurait assez de thunes pour régler; mais, influencé par la magnificence de Bitardot, il servait, il servait toujours.

Pffffuit! une deuxième fois le gaz disparaît presque complètement.

Armide Graumuph, — née Traisanphès, ainsi qu'on le sait, — constata avec une stupéfaction voisine de l'enthousiasme, que Graumuph récidivait. Vous pensez bien qu'elle ne le reconnaissait plus. Dès que la lumière revenait, tout rentrait dans l'ordre. Douze fois, le ghlipèle du gaz recommença; douze fois Armide tomba des nues après être montée au septième ciel.

Enfin, Bitardot paya, et la joyeuse société s'éclipsa.

Graumuph ne se possédait pas d'aise; il palpait et repalpait son bon argent, sa belle galette.

— Avec tout ça, soupira Armide, nous ne devons pas être loin de l'extinction des feux.

Graumuph, retrouvant ses velléités enflammées, répliqua avec son plus gracieux sourire :

— C'est gentil, bobonne, ce que tu me rappelles-là... Je me souviens de ta promesse... Et je te garantis que tu n'auras pas à te plaindre.

— Comment! fit-elle, il n'est que neuf heures un quart!

Les deux époux regardèrent l'horloge; c'était vrai; il n'était que neuf heures un quart.

La porte s'ouvrit furieusement. L'adjudant Kebross apparut.

Il beugle :

— Nom de Dieu ! il est onze heures et demie. Qu'est-ce que vous fabriquez ? demain je vous ferai saler !

Et il disparut.

Graumuph et son épouse fermèrent en toute hâte, sans vouloir cher-cher à s'expliquer le mot de l'énigme.

Le voici :

Au moment de l'extinc-tion, les douze lascars avaient chanté si fort que le cantinier et la can-tinière n'avaient pas en-tendu la fanfare.

D'autre part, l'horloge était arrêtée. Enfin, Ar-mide et Graumuph ne trouvaient pas le temps long, chacun pour les mo-tifs différents que nous avons énoncés.

Quant à l'adjudant Kebross, en voyant de la lumière, il accourait ; mais l'obscurité régnait aussitôt, attendu que Pointillard, aux aguets, donnait le signal à Bastavel ; alors le chien du quartier, sous le coup de trois ou quatre vertes, croyait avoir la berlue.

Au bout du compte, il avait vu clair.

Graumuph, une fois dans la plus parfaite intimité, voulut se mon-trer galant.

Il n'y réussit pas.

— Pardi ! fit Armide, je savais bien que tu n'irais pas jusqu'à treize... Et puis, ça finirait par nous porter malheur.

Neuf mois après, mes enfants, nuit pour nuit, une petite cantinière faisait son entrée dans le monde. Armide voulut à toute force que le parrain fut choisi dans la troisième du quatre.

$3 \times 4 = 12.$

MADAME GRÉGOIRE

VAUDEVILLE OPÉRETTES en 3 ACTES.

Chanson à boire.

Paroles de
P. BURANI et M. ORDONNEAU.

Musique de
Ed. OKOLOWICZ.

1ᵉʳ COUPLET.

HERCULE: Au ca_ba_ ret de mada_me Gré_goi_ re Le vin est doux mais qu'importe à vingt ans? On ne vient pas seulement pour y boi_ re Car les a_mours y règnent en tous temps Le vin clai_ ret doit nous don_ner l'au_da_ce Qu'il faut a_voir près des gen_tils mi_nois Et son ar_deur qui dans nos vei_nes pas_se Nous fait cou_rir aux a_mou_reux ex_ploits Que la beau_te nous soit tendre ou sé_vè_re A_mis bu_vons à pleins bords tous les jours. Tant que la main pourra te_nir un ver_re Il faut chan_

rall

REFRAIN.

Ensemble général.

'ter le vin et les a_mours Tant que la main pourra te_nir un ver_re Il faut chan_ter le vin et les a_mours!

Est-il, amis, est-il en notre monde
Quelque nectar, ambroisie ou liqueur
Qui fasse naître en nous ou qui féconde
Mieux que l'ai tous les désirs du cœur ?
Et pouvons-nous, au milieu de l'ivresse
Mieux voir le ciel, souvent noir, toujours bleu,
Que dans les yeux d'une tendre maîtresse
Dont la lèvre est ardente et presqu'en feu !
Non, il n'est rien de semblable sur terre
Aussi, gaîment et sans aucun retour.

Tant que ma main pourra tenir un verre } *bis*
Je veux chanter le champagne et l'amour !

Amis la vie est un joyeux voyage,
Et pour charmer la longueur du chemin,
Vive le vin, ce radieux mirage,
Qui fait gaiement chanter le genre humain !
Buvez maris à l'humeur trop morose
Et vous rirez d'un malheur trop certain
Et vous verrez votre ménage en rose
Au lieu de voir partout jaune serin,
Bah ! que le sort nous soit tendre ou sévère
Amis buvons à pleins bords tous les jours.

Tant que ma main pourra tenir un verre } *bis*
Il faut chanter le vin et les amours !

ÉVADÉE DE LA SALPÊTRIÈRE

Roman dramatique de la folie et de l'amour

PAR

MARC MARIO

Auteur de l'*Enfant de la Folle*, la *Margot*, les *Forçats de l'Amour*, etc.

Ceci se passa à l'époque où une décision ministérielle autorisa les troubades à porter la barbe.

Cette décision a eu ses approbateurs et ses détracteurs ; c'est le sort de toutes choses. Pourtant, on ne se serait pas attendu aux compétitions qui furent soulevées par le caporal sapeur Absalon Roupoil.

Voici ce qui s'est passé :

On sait que les cantinières doivent être mariées à un homme du régiment ; elles sont ordinairement femmes de sous-officiers, de musiciens, de tambours-majors ou de sapeurs.

Au 253e de ligne, en garnison à Eu-sur-le-Plat, la cantinière, madame Lavertu, était la légitime épouse du sergent maître d'armes.

Lavertu était un vieux de la vieille, trente-cinq campagnes, autant de blessures et dix fois plus de duels. Il avait reçu son brevet au concours à Vincennes, mais il était, malheureusement pour lui, aussi maladroit en matière galante qu'habile en contres de quarte. Sur la planche de sa salle d'armes, campé sur

ses jarrets d'acier, ne rompant jamais, le buste plastronné et le torse fièrement rejeté en arrière, il était superbe. Il vous boutonnait les plus malins en un simple dégagement : « une, deux, » ça y était. Mais, par contre, comme cela arrive souvent, le malheureux maître d'armes n'avait jamais pu conquérir le moindre grade dans l'armée de la déesse de Cythère.

Il était pourtant marié, ce qui n'est pas un mérite aux yeux de Cupidon, ce qui constitue même une infériorité.

Comment le mariage s'était-il fait ?

— C'était le secret de Polichinelle au 253e, et Lavertu seul ignorait que les idées matrimoniales lui avaient été suggérées par son ami Flutin, le chef de musique, qui lui avait fait épouser sa maîtresse pour éviter des désagréments conjugaux.

Il avait fait obtenir à sa femme la charge enviée de cantinière, ce qui arrondissait convenablement sa bourse et facilitait ses libations.

Madame Lavertu était une petite brune aux formes rondelettes qui était sémillante derrière son comptoir de zinc, et qui devenait irrésistible lorsque, aux jours de revue, elle revêtait son pimpant costume à jupe courte.

Le maître d'armes en était fier.

Dispensé des revues et des parades, il allait sur la place d'armes assister aux défilés et admirer sa grâce et sa crânerie. — Il eût même plusieurs fois l'idée de se mettre à apprendre l'ophicléide, d'abandonner le fleuret, et de pouvoir ainsi prendre part aux revues à côté de l'épouse dont il était si justement orgueilleux et qui, comme on le sait, a sa place à la suite de la musique. Mais il n'avait jamais pu distinguer une clé de sol d'un dièze, et en fait de soupirs, il ne comprenait que ceux qui fendaient son âme lorsqu'il se trouvait en présence de sa

belle. Force lui était donc de se contenter de son rôle.

Mais, quand on a l'œil exercé comme doit l'avoir un bon maître d'armes, on remarque tôt ou tard, — tard est ici le cas, — certaines choses que la jalousie découvre lorsqu'elle soulève le bandeau placé par Cupidon sur les yeux des amoureux et surtout des maris.

Or, Lavertu constata enfin que le chef de musique était trop souvent avec ses basses et ses ophicléïdes, au dernier rang, tout près, par conséquent, de la cantinière ; il avait même vu ses regards rencontrer ceux de sa femme et celle-ci lui sourire.

Dès ce jour, notre maître d'armes devint soucieux, ombrageux, défiant... Oh! il ne devint que cela; il était déjà... le reste.

Lavertu perdit tout repos.

Absorbé, préoccupé, jaloux, son regard n'était plus juste, son poignet devenait moins sûr, ses ripostes mollissaient, il se laissa même boutonner quelquefois par son prévôt, le caporal Noirminet. L'esprit du malheureux maître d'armes était troublé par la pensée du chef de musique.

Que de scènes eurent la cantine pour théâtre, le soir, après le contre-appel et l'extinction des feux.

Enfin, lasse de la vie agitée qui lui était faite, madame Lavertu disparut un jour et abandonna ses chopines et ses petits verres, et ce départ coïncida admirablement avec la démission de Flutin.

Lavertu obtint un congé pour se mettre à la recherche des fugitifs. Il les découvrit au bout de trois mois, au fond d'une auberge de village, et dans un costume qui ne pouvait laisser aucun doute sur la nature du duo qu'ils étaient en train de chanter.

Tout le monde s'attendait à un duel, à un duel terrible.

Le caporal Noirminet fourbissait déjà les épées de combat de son chef hiérarchique.

— Mais non, Lavertu ne se battit pas. Un duel n'aurait pas fait son affaire : il tenait à sa cantine plus qu'à son épouse. — Pourtant, il ne pouvait l'y voir revenir sans humiliation.

Que faire ?

Il y a des moments où les maris sont ingénieux. Lavertu eut un de ces moments-là.

Il intenta à son épouse un procès en divorce et se mit en même temps à chercher une fiancée moins jolie et plus fidèle, avec la-

quelle il pourrait convoler en de nouvelles et justes noces, et conserver ses privilèges de cantine. — C'était une vengeance à sa façon.

Mais, tandis que la procédure marchait, le décret concernant le port de la barbe dans l'armée avait été promulgué, et le caporal sapeur Absalon Roupoil avait vu, sans le moindre dépit, cette mesure prise par le ministre. Au fait, quel fusilier, quel sous-off même aurait pu avoir une barbe pareille à la sienne, aussi dorée, aussi belle, aussi longue ? Ce n'est pas lui qui avait regretté la suppression des grands tabliers blancs des sapeurs : sa barbe couvrait le sien.

Le nouveau règlement ne pouvait que le flatter, que le distinguer. Tout honneur était rendu à la barbe, cet indice de toute puissance, ce superbe apanage du sexe auquel on doit les sapeurs et on ne pourrait faire différemment que de remarquer ceux qui, comme Roupoil, en avaient une aussi belle.

La barbe, chez Roupoil, c'était plus qu'un culte, c'était une adoration, du fanatisme même.

Marié, comme Lavertu, comme Flutin et tant d'autres camarades, il avait poussé le culte de la barbe jusqu'à épouser une femme pourvue de cet ornement masculin, dont il avait fait la connaissance à la foire de Saint-Cloud.

Roupoil était un des clients assidus de la cantine, et il avait songé bien des fois à l'avantage qu'il y aurait pour lui à être le mari de la cantinière, supputant très bien les bénéfices qu'elle faisait. Mais le poste était occupé par madame Lavertu.

Le jour où les garçons de cantine perdirent leur patronne, Roupoil conçut une espérance. Il pouvait briguer cet emploi pour madame Roupoil, et effectivement, il s'adressa immédiatement au colonel pour solliciter la nomination de son épouse aux fonctions de cantinière.

Mais Lavertu venait de gagner son procès en divorce et il avait

annoncé son. intention de se remarier. Il devait même épouser
une ancienne cantinière demeurée veuve. Il avait des droits ac-
quis et le colonel ne le dissimula pas au caporal sapeur, qui vit
ainsi s'effondrer le rêve si longtemps caressé.

Par bonheur, survint le décret barbophile.

— Ah! ah! — se dit Roupoil radieux, caressant sa longue
barbe, — nous verrons maintenant que la barbe est en honneur!

Et il fit aussitôt écrire à son colonel par l'écrivain public de la
place de l'église, cette lettre :

« Mon colonel,

» En présence du nouveau décret ministériel qui prescrit le
port de la barbe dans l'armée française, sans distinction de grades
ni de sexes, j'ai l'honneur de vous demander avec une nouvelle
instance de vouloir bien nommer ma femme Perpétue Roupoil,
née Troublemotte, aux fonctions de cantinière du 253ᵉ, vu qu'elle
est dans toutes les conditions requises et de plus à l'ordonnance
telle que le ministre de la guerre vient de le prescrire, ce qui la
désigne pour ce poste, étant la seule épouse du 253ᵉ qui puisse
porter la barbe.

» J'ai l'honneur d'être, mon colonel, votre dévoué et respec-
tueux planton et subordonné.   ABSALON ROUPOIL.

» Caporal Sapeur. »

Le colonel a hésité quelque temps avant de prendre une décision et il laissa la cantine sans titulaire, jusqu'au renversement du ministère, ce qui ne pouvait tar-
der.

Ce jour-là, il signa la proposition de nomination de la nouvelle madame
Lavertu, qui trône depuis à la cantine.

Mais Roupoil, qui ne pardonne pas ce coup là, n'a plus fichu les pieds à la cantine. Son temps fait, il n'a pas rengagé et il a monté avec sa femme un bar en face de la caserne qui fait une rude concur-
rence au zinc de madame Lavertu.

Dache, perruquier aux zouaves

DEUX CANTINIÈRES CÉLÈBRES

Nous empruntons à l'intéressant travail que M. Félix Ribeyre a fait sur les cantinières les deux récits suivants :

LA MÈRE RADIS

Une des cantinières les plus célèbres, fut la *mère Radis*.

Elle avait débuté fort jeune comme cantinière, pendant la guerre d'Espagne, en 1795.

Elle s'appelait alors mademoiselle Eugénie et les vieux grognards eux-mêmes ne pouvaient s'empêcher de l'admirer lorsqu'elle apparaissait dans son pittoresque costume de cantinière de hussards, montée sur un petit cheval catalan. Deux barillets suspendus à l'arçon de la selle révélaient la position militaire de mademoiselle Eugénie.

La brigade, commandée par le général Schérer, pénétra en Espagne. Hardie, intrépide, la cantinière s'avançait parfois jus-

que sous la ligne des tirailleurs. Cette témérité lui donna l'occasion de secourir des soldats et même des chefs.

Le général N.., grièvement blessé près des hauteurs d'Armada, vit apparaître, à ses côtés, Eugénie qui lui prodigua des soins auxquels il dut la vie. Le général ne trouva rien de mieux, pour prouver sa reconnaissance à celle qui l'avait arraché à la mort, que d'en faire sa compagne. Mais, en ce temps-là, les rencontres avec l'ennemi étaient fréquentes et, peu de jours avant la date fixée pour leur mariage, le général, frappée par une balle, tombait pour ne plus se relever.

Le beau rêve de la charmante cantinière était évanoui. Elle reprit bravement ses barillets et son existence aventureuse, et, un jour qu'elle revenait avec sa voiture chargée de légumes, un loustic la salua du nom de la *mère Radis*. Le sobriquet lui resta.

La courageuse femme demeura associée à la joie de nos victoires et à l'amertume de nos revers. Elle fut dangereusement blessée à Lutzen et, dans la funeste retraite de Russie, elle dut à l'humanité d'un soldat de ne pas être enterrée vivante. Elle perdit sa vingtième carriole à Waterloo.

Rentrée à Paris, elle s'installa à la cantine de l'Ecole militaire et visitait les casernes de Saint-Denis, de Courbevoie et de Plaisance, où sa petite voiture et son cheval, nommé Coco, étaient les bienvenus. Un jour la misérable carriole s'effondra en rentrant à l'Ecole militaire. La *mère Radis* se désole; mais les camarades du régiment se cotisèrent pour lui en acheter une neuve, dont elle ne vit pas la fin.

Elle succomba peu après, calme et vaillante devant la mort, comme elle l'avait été devant l'ennemi.

LA CANTINIÈRE SOUS-LIEUTENANT

Une autre femme, fille de cantinière et qui elle-même avait dirigé une cantine, eut une existence plus étonnante encore. Elle se nommait Angélique Duchemin, et était d'origine bretonne. Après avoir perdu sur les champs de bataille son père, sa mère, ses deux frères et son mari, qui se nommait Brulon, elle fut admise au 42e de ligne, en garnison en Corse.

A l'affaire du fort de Gesco, elle se battit comme un lion, et, en repoussant l'assaut, elle reçut un coup de sabre au bras droit et un coup de stylet dans le bras gauche. Malgré ses blessures, elle partit pour Calvi, à minuit, pour chercher des munitions qu'elle fit conduire au fort. Elle avait le grade de caporal-fourrier.

Dans l'une des sorties, Angélique Brulon se mêla aux tirailleurs et fut blessée.

Plus tard, au siège de Calvi, manœuvrant une pièce d'artille-

rie dans le bastion qu'elle défendait, elle reçut une blessure grave qui la contraignit de renoncer au service.

Si invraisemblable que soit le fait, elle fut admise aux Invalides en 1799 et y fut nommée sous-lieutenant en 1822, sur la proposition du général Latour-Maubourg, alors gouverneur de l'hôtel.

Une récompense plus éclatante lui était réservée. Elle reçut la croix de la Légion d'honneur, le 15 août 1851 et la médaille de Sainte-Hélène en 1857.

Cette femme, qui portait avec beaucoup de dignité son costume d'officier d'invalide, la longue tunique avec les insignes du grade et la casquette basse galonnée, était l'objet du respect de tous.

Elle mourut le 13 juillet 1859, à l'âge de quatre-vingt-sept ans.

ÉCHOS DE LA CANTINE

Madame Grégoire a reçu du vin nouveau, un délicieux petit vin d'Algérie qu'elle fait goûter à ses amis, à ses meilleurs clients, Dache, le Chacail, Laramée, Francœur et autres.

— N'est-ce pas qu'il est bon ? demande-t-elle.

Dache fait claquer sa langue en connaisseur.

— Exquis ! déclare-t-il.

— Un nectar ! appuie Laramée.

Lebouc, notre beau sapeur, bondit sur ce mot,

— Un hectare ! fait-il en haussant les épaules. Quand il s'agit de liquides on dit : un hectolitre, mon pauvre vieux.

◆■◆

Cet imbécile de Pitou mange comme un glouton.

— Ah ! nom de Dieu de nom de Dieu ! s'écrie-t-il avec une horrible grimace.

— Qu'est-ce qu'il y a donc ? lui demande madame Grégoire en riant.

— Eh ! je me suis mordu la langue, parbleu !

— Sapristi ! fait notre cantinière, qui devient aussitôt très sérieuse, mais il n'y a pas de temps à perdre : courez vite chez Pasteur.

Et l'animal de Pitou prend sa course.

◆■◆

Le sapeur Lebouc et Dumanet doivent déjeuner ensemble à la cantine dimanche.

De là, ils iront visiter le musée d'artillerie aux Invalides.

Arrivé premier au rendez-vous, Lebouc attendait son ami, lorsque le colonel de Beauplumet le fait appeler et l'envoie porter une lettre au ministère.

Pour ne pas perdre de temps, il mange un morceau en deux temps et un mouvement et, sur un bout de papier que lui passe le garçon de cantine, il écrit à Dumanet pour lui expliquer son absence :

« Le colonel m'envoie en course, *tue des jeunes rats* en mon absence. »

Dumanet ne comprend pas trop l'intention de son ami ; mais il lui obéit consciencieusement. Il descend à la cave et fait un massacre général.

— Que diable veut-il bien en faire ? se demande-t-il très perplexe.

Madame Grégoire a envoyé Potiron, son garçon de cantine, acheter un homard au marché.

Il avise l'étalage d'une bonne grosse poissarde, fait son choix et marchande.

— Est-il cher, ce homard-là ?

— Six francs, répond la poissonnière.

— Bigre ! c'est salé !

— Salé !… Eh ! bien, vous vous y connaissez, vous. Il est frais comme l'œil, mon ami. Tenez, regardez-moi ça ; sentez-moi ça !

Mais Potiron est méfiant.

— Est-il bien sûr qu'il soit si frais que ça ? fait-il en prenant le homard qui agite lentement ses antennes.

— Vous voyez bien qu'il est frais, puisqu'il est vivant, observe judicieusement la marchande.

— Qu'est-ce que ça prouve, ça ? riposte l'animal. Vous êtes bien vivante, vous !

—◆▩◆—

Le Maucot trouve le bouillon de la cantine un peu trop limpide.

— Ça, du bouillon, dit-il à madame Grégoire, ah ! pour ézemple !

— Qu'est-ce que c'est donc ?

— C'est pas du bouillon, ma sère, c'est de l'eau, pas plusse !

La cantinière hausse les épaules en riant.

— Mais voui, continue le maucot, ze sais ce que c'est que du bouillon ; y en a à Marseille… mais un bouillon avec de tels yeux, coquin de bon sort ! que vous osez pas le regarder en face, Dieu garde !

—◆▩◆—

Un « vingt-huit-jours » qui dédaigne la gamelle et le rata et qui ne mange qu'à la cantine, demande l'addition.

Potiron, le garçon de cantine, la lui établit sur l'ardoise traditionnelle accrochée à côté du comptoir, et dame ! il fait ce qu'il peut, mais il n'est pas trop fort en orthographe.

Exclamation du « vingt-huit-jours » qui lit :

Omèlete de 2 œufs, 50 centimes.

— Comment ! omelette avec un seul *t* ! s'écrie-t-il.

Madame Grégoire intervient.

Elle prend l'ardoise.

— Pardon, fait-elle, il faut que je corrige ça.

Et elle écrit :

Omelette de 2 œufs, 60 centimes.

Le « vingt-huit-jours » ne protesta pas, il était pincé trop spirituellement.

Et puis un sourire de la cantinière vaut bien 10 centimes, diable !

— ◇※◇ —

Le plus galant du 3ᵉ zouaves, c'est sûrement Dache, le beau perruquier.

En entrant à la cantine, il marche maladroitement sur le pied de la cantinière.

Celle-ci pousse un petit cri.

— Maladroit ! dit-elle.

— Oh ! sapristi ! s'écrie le figaro des zouaves vexé de sa maladresse. Excusez-moi, je vous prie...

Et avec un sourire :

— Vous avez un si joli petit peton, ajoute-t-il, qu'il faudrait réellement avoir un microscope pour le voir, avouez-le.

— ◇※◇ —

Un jour de prêt, Oscar Piston offre une tournée générale à la cantine.

Bibi-Tapin paye la sienne, Dache, Plumeau, les autres aussi, si bien, que de tournée en tournée, notre musicien se trouve quelque peu emméché.

Alors il ne tarit plus.

Il parle, il en débite, il en chante !

— Sacré nom d'une pipe ! en voilà un gazouillement ! s'écrie Plumeau en voyant qu'il n'arrêtait pas.

— Parbleu ! répond Bibi-Tapin, avec les douze perroquets verts qu'il vient de mettre en cage, ce n'est plus un homme, c'est une volière !

— ◇※◇ —

Dache a payé un balthazar en règle à la cantine en touchant sa prime de rengagement.

Tous les amis étaient là. Une tablée épatante, et un menu... de gros major.

On se met à table.

Dache veut que ça marche en règle ; pour une fois qu'il régale, il tient à ce que les choses soient bien faites. Aussi il multiplie les recommandations à la cantinière, aux garçons de cantine et jusqu'à la laveuse de vaisselle.

— Enfin, dit-il en terminant, tâchez de nous servir ça chouettement, hein ! la mère Grégoire.

— Va donc, va donc, répond la cantinière, on connaît son affaire. Vous allez être servis au doigt et à l'œil.

Sur ce, Le Chacail pousse Plumeau du coude.

— Eh bien ! moi, fait-il, je serais moins difficile que Dache ; à l'œil me suffirait.

◆■◆

Dumanet soigne son petit estomac, et chaque fois que le vague-mestre lui remet le petit mandat paternel il s'enfile à la cantine et s'offre un beefsteack saignant pour caler ses grosses joues de bouffi.

Il paraît que le beefsteack n'est pas toujours de la première tendresse et l'autre jour il s'escrimait vainement pour le couper en morceaux.

Impatienté à la fin :

— Ah ! ça, s'écrie-t-il, je ne pourrais donc pas arriver à le couper, nom d'une pipe !

Madame Grégoire, qui a entendu sa plainte, appelle le garçon de cantine :

— Eh ! Potiron, donnez donc à Dumanet un couteau qui coupe mieux que ça, voyons.

◆■◆

Un autre jour, c'est après le fromage que cet animal-là en avait.

Un superbe morceau de Livarot pourtant.

Dumanet l'examine, le tourne, le retourne, et fait une sacrée grimace.

— En voilà un fromage !

— Qu'a-t-il donc encore, ce fromage ? lui demande la cantinière.

— Je ne sais pas... mais il ne me dit rien.

— Tiens ! vous ne voudriez pourtant pas qu'il vous fasse des vers.

◆■◆

Le major Pécat est tout surpris de trouver à la cantine ce sacré Loriol qui s'est fait porter malade le matin et qui a été dispensé d'exercice.

Il l'arrête au moment où il se dispose à avaler un petit verre de cognac.

— Ah ! ça, dites donc, vous vous fichez de moi, vous ! s'écrie le major. Ce matin à la visite, vous me dites que vous avez mal de tête, je vous ordonne un bain de pieds...

— Pardon, excuse, m'sieu le major, répond Loriol sans se déconcerter et montrant la soucoupe de son petit verre, justement je suis en train de le prendre le bain de pieds... mais au cognac, pour que ça me fasse plus d'effet.

Billou et Pitou se sont flanqué dernièrement une culotte carabinée.

Attardés à la cantine, ils font des châteaux en Espagne.

Billou. — Moi, si j'étais riche...

Pitou. — Qué que tu ferais donc ?

Billou. — Eh bien ! mon vieux, si j'avais le sac...

Pitou. — Va donc !... Quand t'aurais un sac grand comme celui à Rothschild, tu pourrais pas être plus pochard qu'à cette heure.

— ◆✖◆ —

— Eh bien ! comment trouvez-vous ce petit vin-là ? demande la cantinière à notre ami Plumeau.

Le vieux perruquier en pied des zouaves hume son gobelet en connaisseur, mais le vin lui paraît très chrétien.

— Est-il assez nature, hein ? fait madame Grégoire.

— Oui, oui, répond Plumeau ; l'eau m'en vient à la bouche.

— ◆✖◆ —

Le tambour-major Belhomme commence à prendre un peu trop de ventre et ça le contrarie, car ça nuit à son prestige.

Oscar Piston, qui ne rate jamais l'occasion de le blaguer, lui souffle que c'est un commencement d'obésité, une grave maladie, ajoute-t-il.

Très inquiet Belhomme va trouver le major Pécat.

— Je voudrais savoir, m'sieur le major, ce que j'ai là-dedans.

Le médecin l'examine, le palpe, l'ausculte et trouve des symptômes d'un commencement d'hydropisie.

— Hydropisie !... s'écrie le plus bel homme du régiment. Qu'est-ce que c'est donc que ça, m'sieur le major ?

— Ça veut dire, répond le major Pécat, que vous avez un peu d'eau là-dedans.

— Pas possible !... Je n'en ai jamais bu.

Mais, ayant fait une courte réflexion :

— Au fait, répond Belhomme, le cantinier est si filou !... Ah ! le bougre, je vais lui faire payer mon hydropisie !...

Au dessert, dimanche, on chante quelques chansons, on dit même quelques monologues à la cantine.

— Voyons, à qui le tour ? demande Dallesèche après la dernière romance.

— Je demande la parole pour ce romatour, s'écrie le caporal Francœur ; il me paraît disposé à nous faire des vers.

— Rattrape-le donc ! crie Dache, le voilà qui se sauve.

◆✻◆

Pensée du clairon Dallesèche inscrite sur le mur de la cantine :

Quand mon verre est plein, je le vide.
Quand mon verre est vide, je le plains.

L'Ancienne Cantinière

ÉPISODE DE L'ANNÉE TERRIBLE

Paris et Belfort résistent encore et le petit village de F... que j'habite, n'a pas encore été souillé par le Germain. Cependant, il est comme une sentinelle avancée et perdue, au milieu des montagnes, caché par des forêts de sapins, comme un nid de linottes au milieu d'une touffe de genêts.

Oubliera-t-il de venir jusque-là, l'ennemi ? Non, car on vient d'annoncer qu'un escadron de uhlans s'avance de ce côté.

Aussitôt le danger connu, le tambour bat, la mairie devient le rendez-vous général ; on a quelques heures devant soi, juste le temps de fortifier un peu le village que dominent seuls, le Donon et ses étroits défilés. On déroule le vieux drapeau acheté jadis par souscription, lorsque le cri s'élève du sein de la petite troupe :

Madame Bourgeois !

En effet, on voit arriver la veuve Bourgeois, revêtue de son ancien costume de cantinière !

Quoi, madame Bourgeois, vous n'y pensez pas, lui dit le maire.

Mais si, mais si, répond-elle avec un bon sourire, j'étais du siège de Sébastopol, et, vous savez... je connais ça.

Une heure après la petite troupe arrivait à mi-côte du Donon. Une partie des défenseurs roule des rochers, d'autres abattent des sapins et des hêtres en travers de l'étroit sentier. Les coups de hache ont cessé de se faire entendre ; les hommes armés de fusils sont au premier rang derrière les retranchements improvisés, l'œil au guet.

Tout à coup, il leur semble entendre un galop précipité, plus de doute, ce sont les uhlans !... Un instant après, ils les virent déboucher au tournant de la route, lancés en avant et l'aigle déployée.

Les Allemands marchent avec précaution, furieux d'une résistance qu'ils ne prévoyaient pas. Maintenant, ils sont à quelques mètres à peine des défenseurs. C'est l'instant critique et terrifiant ; la lutte du faible contre le fort, le combat d'un homme contre trente.

A cet instant, le maire, d'une voix vibrante, crie :

Pour la France, mes enfants : Feu ! Une fusillade éclate, terrible et meurtrière. Plusieurs uhlans tombent. A cette vue leurs camarades poussent des rugissements farouches, mettent pied à terre et s'élancent. Les voilà déjà qui atteignent les obstacles derrière lesquels sont abrités les villageois ; c'est un combat corps à corps.

L'on entend encore la voix du maire :

— Courage, mes enfants ! Courage ! C'est pour la France.

Et la mère Bourgeois crie :

Hardi, mes p'tits ! Hardi !

Les Allemands sont forcés de reculer. Ils sont vaincus. La lutte a duré quatre heures. Alors, le maire fait l'appel des nôtres. Quelques voix ne répondent pas, et du nombre, est celle de madame Bourgeois.

La figure horriblement mutilée, la poitrine percée de plus de vingt coups de lance, on la retrouve qui tient encore entre ses doigts crispés, un lambeau de drapeau tricolore.

Et le brave maire étendant la main sur le cadavre, prononce d'une voix coupée par des sanglots, ces simples paroles :

Honneur à madame Bourgeois, elle est morte pour la France !

Francœur, cap.ᵉˡ des Zouaves

L'Administrateur-Gérant : EDOUARD DUPUY.

Maisons-Laffitte — Imprimerie J. LUCOTTE

www.ingramcontent.com/pod-product-compliance
Lightning Source LLC
LaVergne TN
LVHW022202080426
835511LV00008B/1527